BEI GRIN MACHT SICH IHR WISSEN BEZAHLT

AF141537

- Wir veröffentlichen Ihre Hausarbeit,
  Bachelor- und Masterarbeit

- Ihr eigenes eBook und Buch -
  weltweit in allen wichtigen Shops

- Verdienen Sie an jedem Verkauf

Jetzt bei www.GRIN.com hochladen
und kostenlos publizieren

GRIN

Determinanten subjektiven Wohlbefindens und erlebter Lebensqualität Studierender

GRIN

Bibliografische Information der Deutschen Nationalbibliothek:

Die Deutsche Nationalbibliothek verzeichnet diese Publikation in der Deutschen Nationalbibliografie; detaillierte bibliografische Daten sind im Internet über http://dnb.d-nb.de abrufbar.

ISBN: 9783346458452
Dieses Buch ist auch als E-Book erhältlich.

Druck und Bindung: Books on Demand GmbH, Norderstedt Germany
Gedruckt auf säurefreiem Papier aus verantwortungsvollen Quellen

Das vorliegende Werk wurde sorgfältig erarbeitet. Dennoch übernehmen Autoren und Verlag für die Richtigkeit von Angaben, Hinweisen, Links und Ratschlägen sowie eventuelle Druckfehler keine Haftung.

Das Buch bei GRIN: https://www.grin.com/document/1040380

Determinanten subjektiven Wohlbefindens und erlebter Lebensqualität Studierender

Zur Ausprägung des Wohlbefindens
im Zusammenhang mit der Bereitschaft zur Perspektivübernahme,
der Zufriedenheit mit Freunden, Prokrastination, Prüfungsangst,
Selbstwirksamkeitserleben im Studium, der Zufriedenheit mit
Studieninhalten sowie der durchschnittlich realen Benotung im
Studium

Forschungsbericht

Sommersemester 2019

zum forschungsorientierten Psychologie-Seminar für Lehrämter (Modul 2)
‚Subjektives Wohlbefinden und erlebte Lebensqualität Studierender'

Martin-Luther-Universität
Halle-Wittenberg
Philosophische Fakultät III
Institut für Pädagogik
Arbeitsbereich Pädagogische Psychologie

Inhaltsverzeichnis

Zusammenfassung

In der vorliegenden Arbeit werden Untersuchungsergebnisse zur Ausprägung subjektiven Wohlbefindens und erlebter Lebensqualität von Studierenden sowie zu möglichen Zusammenhängen mit weiteren Persönlichkeitsmerkmalen vorgestellt.

Hierzu wurden im Mai 2019 Lehramts-Studierende der Martin-Luther-Universität in Halle schriftlich befragt. Die folgenden Untersuchungsergebnisse basieren auf gültigen Datensätzen, die von 667 Studierenden ausgewertet wurden. 63,7 Prozent der Befragten sind weiblich, 93,1 Prozent der Befragten sind zwischen 17 und 26 Jahre alt.

Die Messung zur erlebten Lebensqualität basiert auf konstituierenden Aspekten, die unterschiedlich ausgeprägt und primär internal bedingt sind: das Erleben kognitiver, physischer, sozialer und sexueller Lebensqualität sowie weitere Domänen, die stärker external beeinflusst sind: ökonomische Zufriedenheit und Zufriedenheit mit der Umwelt in ökologischer und kultureller Hinsicht. Weiterhin wurden neben Alter, Geschlecht, Studiendauer und Unterrichtsfächern die Bereitschaft zur Perspektivübernahme, augenblickliche Zufriedenheit mit Freunden, prokrastinatives Handeln, Prüfungsangst durch Besorgtheit, Zufriedenheit mit Inhalten des eigenen Studiums, Selbstwirksamkeitserleben im Studium und die durchschnittlich reale Benotung im Studium erfasst.

Die Ergebnisse belegen, dass ein positiv signifikanter Zusammenhang zwischen der Ausprägung von der Bereitschaft zur Perspektivübernahme und der augenblicklichen Zufriedenheit mit Freunden (H1), der Prokrastination und Prüfungsangst durch Besorgtheit (H2) sowie der Prokrastination und der Selbstwirksamkeit im Studium (H3) besteht. Eine negativ signifikanter Zusammenhang konnte zwischen der Zufriedenheit mit den Inhalten des eigenen Studiums und der durchschnittlich realen Benotung im Studium (H4) festgestellt werden.

1 Theorie

Anhand des vorliegenden Forschungsberichtes soll aufgezeigt werden, dass das subjektive Wohlbefinden und die subjektiv erlebte Lebensqualität eines Studierenden sowohl vom subjektiven Empfinden als auch von objektiven bestimmbaren Lebensbedingungen abgängig sein kann. Aufgrund der Komplexität des Konstruktes der Lebensqualität, sind die Selbstauskünfte besonders bedeutsam für die Bestimmung der subjektiv erlebten Lebensqualität.

Die Lebensqualität und das subjektive Wohlbefinden Studierenden sind bislang nur unzureichend erforscht. Das Kooperationsprojekt „Gesundheit Studierender in Deutschland 2017" ist dahingehend hervorzuheben. Im Rahmen dieses Projektes gab eine Berichterstattung um ein Bild über die Sozialdemografie, die Gesundheit, Anforderungen und Ressourcen im Studium und das gesundheitsbezogene Verhalten zu bekommen.

Über 7.000 Studenten nahmen an der Online-Befragung, zwischen dem 12.06.2017 und 23.08.2017, teil. Studierende gehören, aufgrund ihres Lebensalters, eher zu einer gesunden Bevölkerungsgruppe und mit 82 Prozent schreibt sich auch die Mehrheit der Befragten einen guten gesundheitlichen Gesamtzustand zu. Rund 21 Prozent hingegen - darunter vor allem weibliche Befragte - gaben an, unter Symptomen einer Angststörung zu leiden. Darüber hinaus gaben mehr als 75 Prozent der Studierenden an, unter physischen Belastungen, wie Kopf- oder Gliederschmerzen, zu leiden. Auffällig ist weiterhin, dass Studierende im Vergleich zu gleichaltrigen Nicht-Studierenden häufiger physische und psychische Beschwerden aufweisen. Folglich kann man bereits nach diesem kurzen Einblick sagen, dass studienbedingter Stress einen negativen Einfluss auf die Lebensqualität der Studierenden hat.

Im Hinblick auf den Untersuchungsgegenstand der Prüfungsangst wird in diesem Bericht auch angegeben, dass ca. 15 Prozent der Befragten depressive Symptome, beispielsweise aufgrund von prüfungs- oder leistungsbezogenen Ängsten, aufzeigen. Darüber hinaus wird das erhöhte Stresserleben von Studierenden mit der Unzufriedenheit mit dem Studium in Verbindung gebracht, so berichteen 25 Prozent der Befragten von erhöhtem Stresserleben.

Dieses erhöhte Stresserleben kann hierbei nicht nur als subjektives Empfinden vom Studierenden interpretiert werden, sondern wohlmöglich auch als objektive Barriere. Es kann zur Aufschiebung von bestimmten Handlungen - wie beispielsweise dem Vorbereiten von Prüfungen - kommen. Hierbei spricht man von Prokrastination.

Höcker, Engerling und Rist hingegen bezeichnen Prokrastination als Aktivität, die zur Erreichung wichtiger Ziele nötig, zugunsten anderer Aktivitäten aufgeschoben werden (Höcker, u. a. 2017).

An dieser Stelle soll der Gesundsheitsreport des Meinungsforschungsinstitut Forsa, welches ebenfalls im Auftrag der Techniker Krankenkasse im Jahr 2015 durchgeführt wurde, zur Unterstützung herangezogen werden. So gaben 51 Prozent der Befragten an, dass sie bei der Internetrecherche für Studienzwecke durch andere Dinge abgelenkt werden. Vier Prozent der Studierenden gaben sogar an, aufgrund dieser Problematik einige Websites für einen gewissen Zeitraum zu sperren.

Auch die allgemeine Selbstwirksamkeitserwartung findet im dargelegten Bericht (Kooperationsprojekt von Techniker Krankenkasse, Freier Universität Berlin und dem Deutschen Zentrum für Hochschul- und Wissenschaftsforschung) Erwähnung. Sie beschreibt die subjektive Erzeugung, schwierige Anforderungssituationen aus eigener Kraft erfolgreich bewältigen zu können (Schwarzer & Jerusalem 1999). Ein hoher Anteil der Studierenden schätzte dahingehend die eigene Selbstwirksamkeitserwartung als hoch ein, wobei die Wertungen der weiblichen Teilnehmer erneut niedriger waren.

Auf Basis dieser Überlegungen und Fakten ergeben sich vier Hypothesen, die in diesem Forschungsbeleg untersucht werden sollen:

Hypothese 1: Es lässt sich in der von uns untersuchten Probandengruppe von N=667 Lehramtsstudenten - bei der Befragung an der Martin-Luther-Universität Halle-Wittenberg im Sommersemester 2019 - eine signifikant positive Korrelation zwischen der Bereitschaft zur Perspektivübernahme und der augenblicklichen Zufriedenheit mit ihren Freunden im Hinblick auf ihr Leben nachweisen.

Hypothese 2: Es lässt sich in der von uns untersuchten Probandengruppe von N=667 Lehramtsstudenten - bei der Befragung an der Martin-Luther-Universität Halle-Wittenberg im Sommersemester 2019 - eine signifikant positive Korrelation zwischen der Prokrastination und der Prüfungsangst durch Besorgtheit im Hinblick auf ihr Leben nachweisen.

Hypothese 3: Es lässt sich in der von uns untersuchten Probandengruppe von N=667 Lehramtsstudenten - bei der Befragung an der Martin-Luther-Universität Halle-Wittenberg im Sommersemester 2019 - eine signifikant positive Korrelation zwischen der Prokrastination und dem Selbstwirksamkeitserleben im Studium im Hinblick auf ihr Leben nachweisen.

Hypothese 4: Es lässt sich in der von uns untersuchten Probandengruppe von N=667 Lehramtsstudenten - bei der Befragung an der Martin-Luther-Universität Halle-Wittenberg im Sommersemester 2019 - eine signifikant negative Korrelation zwischen der Zufriedenheit mit den Inhalten des eigenen Studiums und der durchschnittlich realen Benotung im Studium im Hinblick auf ihr Leben nachweisen.

2 Methode

Um die zuvor benannten Hypothesen zu untersuchten, nutzten wir innerhalb des Sommersemesters einen bereits bestehenden Fragebogen zur Untersuchung der subjektiv erlebten Lebensqualität und dem subjektiv erlebten Wohlbefinden von Lehramtsstudenten. Die Befragungen fanden zwischen dem 15. - 31. März 2019 an der Martin-Luther-Universität Halle-Wittenberg statt. Der Fragebogen setzte sich aus 132 Items zusammen, wovon 109 Items mithilfe einer fünfstufigen Likert-Skala gemessen wurden. Diese wurden in 12 verschiedene Themenbereiche untergliedert: Augenblickliche Zufriedenheit, Lebens-zufriedenheit, Subjektiv erlebte Lebensqualität, Selbstwirksamkeitserleben, Prokrastination, Bereitschaft zur sozialen Perspektivübernahme, Persönliche Gerechte-Welt-Skala, Zufriedenheit mit den

Studienbedingungen, Zufriedenheit mit den Studieninhalten, Sinnerleben im Studium, Neurotizismus und Prüfungsangst. Die restlichen Items erfragten Informationen über persönliche und sozio-ökonomische Bedingungen sowie Studien-Aufwand, Studien-Leistungsanspruch und Studien-Leistungen.

In den folgenden Schritten soll zuerst auf die Stichprobe eingegangen werden, im Anschluss daran wird ein Blick auf die Untersuchungsmaterialien geworfen und zuletzt die Durchführung der Untersuchung betrachtet.

2.1 Stichprobe

Die Durchführung der schriftlichen Befragung mit Hilfe eines Fragebogens war für alle Teilnehmer freiwillig und auf unentgeltlicher Basis. Für das Sommersemester 2019 ist der Website der Martin-Luther-Universität Halle-Wittenberg keine Anzahl der immatrikulierten Studenten zu entnehmen, daher wird an dieser Stelle das Wintersemester 2018/2019 als Grundlage genommen. Zu diesem Zeitpunkt waren 20.662 Studierende immatrikuliert, davon nahmen 667 Lehramtsstudenten (N=667) an dieser Befragung teil. Diese Zahl setzt sich aus 181 Studierenden für das Lehramt an Grundschulen (27,3%[1]), 121 Studierenden für das Lehramt an Sekundarschulen (18,3%), 290 Studierenden für das Lehramt an Gymnasien (43,7%), 71 Studierenden für das Lehramt an Förderschulen (10,7%) und 4 fehlenden Angaben zum Schultyp zusammen (Abbildung 1).

Die Mehrheit der Befragten befand sich zum Zeitraum der Befragung im zweiten (11,6%), im vierten (32,0%), im sechsten (31,9%) oder im achten Fachsemester (12,2%). Dies lässt sich auf den Immatrikulationszeitpunkt der Studierenden zurückführen, der in der Regel im Wintersemester stattfindet. Die übrigen Befragten ergaben eine Teilmenge von 5,7 Prozent.

Die Mehrheit der 425 weiblichen Teilnehmer und 230 männlichen Teilnehmer befand sich zum Erhebungszeitraum im Alter von 21 bis 23 Jahren - ingesamt 52,7 Prozent. Lediglich ein Studierender verweigerte die Aussage zum Alter,

---

[1] Angabe gültiger Prozente

sodass - bis auf sieben Prozent der Befragten - sich die restlichen Studierenden im Alter von 17 bis 26 Jahren ansiedelten.

Die Untersuchung ergab weiterhin, dass 155 Teilnehmer angaben, eine Wohnung allein zu nutzen, 171 sich mit dem Partner eine Wohnung teilen, 233 in einer Wohngemeinschaft ohne Partner leben, 44 bei den Eltern wohnen, 48 ein Zimmer im Studentenwohnheim zur Miete bewohnen und 15 ProbantInnen eine andere Wohnsituation haben (N=666).

2.2 Untersuchungsinstrument und Untersuchungsmaterial

Der dem Forschungsbeleg zugrunde liegende Fragebogen wurde bereits in vorherigen Semestern von Prof. Dr. Grützemann und Studierenden erarbeitet. Dieser Fragebogen aus dem Sommersemester 2019 untergliedert sich in verschiedene Inhalte und orientiert sich darüber hinaus an verschiedenen Skalierungen.

Die ersten 8 Items dienen der Erhebung der *Augenblicklichen Zufriedenheit* der Studierenden (Mittag 1999, Modifizierung der Fragen für das Studium durch Grützemann). Diese Items wurden anhand einer fünfstufigen Likert-Skala gemessen. Die Kategorien setzen sich folgendermaßen zusammen: „gar nicht zufrieden" (1), „wenig zufrieden" (2), „etwas zufrieden" (3), „ziemlich zufrieden" (4) und „völlig zufrieden" (5). Ein Beispiel hierzu ist das Item 7: „Mit meinem Studienort bin ich gerade …".

Die nächsten 18 Items beschäftigen sich mit dem Erfragen der *Lebens-zufriedenheit unterteilt in Zufriedenheit und Wichtigkeit* (Daig et al. 2011). Die ersten 9 Items folgen ebenfalls einer fünfstufigen Likert-Skala. Untergliedert in: „unwichtig" (1), „wenig wichtig" (2), „etwas wichtig" (3), „ziemlich wichtig" (4) und „sehr wichtig" (5). Ein Beispiel dieser Kategorie ist: „Wie wichtig sind Ihnen grundsätzlich die folgenden Bereiche?" Item 11: „Ihre Gesundheit". Die nächsten 9 Items folgen wieder der zuerst benannten Differenzierung nach der Zufriedenheit. Beispielsweise das Item 26 : Wie zufrieden sind Sie grundsätzlich mit Ihrem Beziehungsstatus?".

Ein weiteres untersuchtes Merkmal war die *Lebensqualität* der Studierenden, differenziert in die Bereiche: Kognitives Selbstbild, Physisches Selbsterleben, Erleben sozialer Beziehungen, Umwelterleben, Ökonomische Zufriedenheit, Sexuelle Zufriedenheit und die Spiritualität (Grützemann & Dzuka 2013). Innerhalb dieser Bereiche ist die letzte Kategorisierung der fünftstufigen Likert-Sklala innerhalb unserer Fragebogens zu nennen: „stimmt gar nicht" (1), „stimmt wenig" (2), „stimmt etwas" (3), „stimmt ziemlich" (4) und „stimmt sehr" (5). Es wird also die Zustimmung zu einer bestimmten Aussage erfragt. Ein Beispiel wäre das Item 80: „Ich fühle mich in meinem Freundes- und Bekanntenkreis wohl.".

Da die Selbstauskünfte Studierender viel über die subjektiv erlebte Lebensqualität aussagen können, wurde diese Kompetente als wichtiger Teil der Datenerhebung eingestuft.

Das Merkmal des *Selbstwirksamkeitserleben* wurde differenziert nach dem Allgemeinem (Jerusalem & Schwarzer 1999), dem Studium (Jerusalem & Schwarzer 1999) und den sozialen Anforderungen (Satow & Mittag 1999). Beim Selbstwirksamkeitserleben handelt es sich um eine stabile Erwartungshaltung, welche die subjektive Überzeugung zum Ausdruck bringt, aufgrund eigenen Handelns schwierige Anforderung aus eigener Kraft bewältigen zu können (vgl Schwarzer 1993). Darin sind Items enthalten, wie zu Beispiel die Beantwortung des Items 29: „Ich kann auch schwierige Anforderungen im Studium bewältigen, wenn ich mich anstrenge.".

Ein weiterer Inhalt des Fragebogens ist die *Prokrastination* mit acht Items (Schwarzer 1999). Hierbei geht es um die Tendenz, Handlungen aufzuschieben aufgrund von subjektiven Trägheitsmomenten oder auch objektiven Barrieren (vgl. Schwarzer 1999, in Schwarzer & Jerusalem, 2001, S. 90-91). Es gab erneut fünf Antwortmöglichkeiten zur Erfassung der Zustimmung des Studierenden zu einer bestimmten Aussage. Ein geeignetes Beispiel ist das Item 99: „Es gelingt mir, meinen Tag so zu organisieren, dass ich abends das Gefühl habe, alles Wichtige erledigt zu haben.".

Die folgenden 4 Items hatten den Schwerpunkt der Bereitschaft zur sozialen *Perspektivübernahme* (Wolgast 2017 in Anlehnung an Davis 1980). Es geht um die Erfassung der Bereitschaft, Gedanken, Emotionen, Motive, Motivation und

Persönlichkeitsmerkmale einer anderen Person zu erkennen und zu verstehen (vgl. Davis, M. H. (1980). So zum Beispiel das Item 31: „Ich versuche eine andere Person zu verstehen, indem ich mir die Situation aus ihrer Sicht vorstelle.".

Unter dem Merkmal *Gerechter-Welt-Glaube* waren 7 Items im Fragebogen zu finden (Dalbert 1999). Dieses Merkmal wurde gewählt, um zu erfahren ob der Befragte denkt, dass ihm in seinem eigenen Leben im Großen und Ganzen Gerechtigkeit widerfährt. Exemplarisch wäre an dieser Stelle Item 55 zu nennen: „Im Großen und Ganzen finde ich, dass ich mein Schicksal verdiene.".

Die nächsten Items lassen sich unter dem Punkt *Zufriedenheit mit den Studienbedingungen* zusammenfassen (Umlauft 2017). Es wurde erfragt, wie zufrieden Studierende mit ausgewählten Studienbedingungen sind. Dahingehend kann das Item 49 aufgeführt werden: „Die Lehrkräfte im Studium verhalten sich mir gegenüber entgegenkommend.".

Darauf folgten vier Items zur Erfragen der *Zufriedenheit mit den Studieninhalten* (Schiefele & Jacob-Ebbinghaus 2006, Spörer & Brustbein 2005). Demnach sollten die Befragten beispielsweise ihre Zustimmung zu Item 34 wichten: „Meinen Studiengang kann ich nur weiterempfehlen.".

Der drittletzte Bestandteil widmete sich dem *Sinnerleben im Studium* (Umlauft 2017 in Anlehnung an Schnell & Becker 2007) mit fünf Items. Hierbei ging es um die Erfassung der Sinnhaftigkeit des eigenen Studienganges. Exemplarisch ist das Item 95: „Mit dem, was ich in meinem Studium lerne, kann ich Wertvolles leisten.".

Aus vier Items setzte sich der Schwerpunkt des *Neurotizismus* zusammen (Rammstedt, Koch, Borg & Reiz 2004). An dieser Stelle kann das Item 52 angeführt werden: „Ich mache mir viele Sorgen.". Hierbei geht es um die Erfragung der emotionalen Instabilität. Dies steht im engen Zusammenhang mit Ängstlichkeit, Feindseligkeit, Depressivität, Impulsivität und Vulnerabilität.

Der letzte Bestandteil bildete die Prüfungsangst, differenziert in die Prüfungsangst durch Aufgeregtheit und Prüfungsangst durch Besorgtheit mit jeweils fünf Items (Schwarzer 2001 nach Hodapp, Laux & Spielberger 1982). Es ging dabei sowohl um körperliche, gefühlsmäßige Symptome vor und in Prüfungssituationen als auch um Bedrohungs-, Verlusteinschätzungen und wahrgenommener Leistungsdruck. Das Item 118 erfragt bespielweise ein körperliches Symptom: „Ich spüre ein komisches Gefühl im Magen.".

Die übrigen Items dienten zur Erhebung persönlicher und sozio-ökonomischer Bedingungen, sowie zu Angaben zum Studienaufwand, Studienleistungsanspruch und Studienleistungen.

2.3 Durchführung

Im Sommersemester 2019 wurden unter der Leitung von Dr. Wolfgang Grützemann drei forschungsorientierte Seminare zum Thema „Selbsterlebte Lebensqualität Studierender" veranstaltet. Innerhalb dieser Seminare war jeder Studierende für die Werbung von mindestens 15 Teilnehmern und die nachfolgende Befragung verantwortlich. Zielgruppe waren Studenten des Lehramtes (Gymnasium, Sekundarschule, Förderschule, Grundschule), da ausschließlich diese den Untersuchungsgegenstand bildeten. Die Aufgabe der Probanden war die vollständige Beantwortung der Fragen. Zuvor wurden diese jedoch über den vertraulichen Umgang mit ihren persönlichen Daten, die freiwillige Teilnahme und die Garantie auf Anonymität hingewiesen. Des Weiteren wurden sie darauf aufmerksam gemacht, dass die Teilnahme unentgeltlich ist, maximal 15 Minuten in Anspruch nimmt und zu Forschungszwecken dient, es jedoch keine zeitliche Begrenzung zur Beantwortung der Fragen gibt. Weiterhin wurde dringlichst drauf hingewiesen, dass jeder Studierende nur einmal an dieser Befragung teilnehmen kann. Die Studierenden sollten den Fragebogen selbstständig ausfüllen und wahrheitsgemäße Aussagen tätigen. Die zuständigen Versuchsleiter waren nach Möglichkeit anwesend, um auf mögliche Rückfragen reagieren zu können.

3 Ergebnisse

Die Daten der Fragebögen wurden von den Studierenden in eine Excel-Tabelle eingetragen, durch Herrn Dr. Grützemann in SPSS überführt und für die Seminarteilnehmer verwendbare Daten umgewandelt.

3.1 Tabellen

Tabelle 1: Absolute Häufigkeit, Mittelwert, Modus und Standardabweichung der in den Hypothesen verwendeten Merkmalen

	PU	ZUF	PROK	PAB	SEWI_St	ST_INH	i_144
N	666	667	667	667	667	667	639
Mittelwert (M)	4.15	4.35	3.39	3.399	4.03	3.706	2.174
Modus	4.0	5.0	4.0	3.6	4.0	4.0	2.0
Standard-abweichung (SD)	.762	.709	1.157	.9008	.692	.7611	.5596

Anmerkungen. * $p < .05$; ** $p < 0.1$; Die Skalenbreite ging von 1 (= stimmt gar nicht bzw. gar nicht zufrieden) bis 5 (= stimmt sehr bzw. völlig zufrieden), p = Signifikanzniveau, Irrtumswahrscheinlichkeit

Auffällig ist an dieser die vergleichsmäßig hohe Standardabweichung (SD) der Prokrastination. Im Vergleich zu den anderen Merkmalen ist der Wert der Absoluten Häufigkeit (N) der durchschnittlich realen Benotung im Studium niedrig.

In der nächsten Tabelle wird die Korrelation zwischen der Bereitschaft zur Perspektivübernahme und der augenblicklichen Zufriedenheit mit Freunden dargestellt. Die Hypothese 1, die eine signifikant positive Korrelation zwischen den benannten Merkmalen aufzeigt, kann bestätigt werden ($r = .116$, $p < .01$).

Tabelle 2: Korrelationen Bereitschaft zur Perspektivübernahme - Augenblickliche Zufriedenheit mit Freunden

		Augenblickliche Zufriedenheit mit Freunden
Bereitschaft zur Perspektivübernahme	Korrelationskoeffizient	.116(**)
	Sig. (2-seitig)	3
	N	667

Anmerkungen. ** $p < .01$ hoch signifikant, p = Signifikanzniveau, Irrtumswahrscheinlichkeit

In der folgenden Tabelle 3 wird die Korrelation zwischen der Prokrastination und der Prüfungsangst durch Besorgtheit sowie die Korrelation zwischen der Prokrastination und der Selbstwirksamkeitserleben im Studium veranschaulicht. Die Hypothese 2, die eine signifikant positive Korrelation zwischen der Prokrastination und der Prüfungsangst durch Besorgtheit beinhaltet, kann bestätigt werden ($r = 0,254$, $p < .01$). Zwischen der Prokrastination und dem Selbstwirksamkeitserleben im Studium lässt sich eine positive Korrelation erkennen, da $r = 0,113$ und $p < .01$. Daher kann die 3 Hypothese ebenfalls bestätigt werden.

Tabelle 3: Korrelationen Prokrastination - Prüfungsangst durch Besorgtheit; Prokrastination - Selbstwirksamkeitserleben im Studium

		Prüfungs- angst durch Besorgtheit	Selbstwirk- samkeitser leben im Studium
Prokrastination	Korrelationskoeffizient	.254 (**)	.113(**)
	Sig. (2-seitig)	0	.003
	N	667	667

Anmerkungen. ** $p <$ .01 hoch signifikant, p = Signifikanzniveau, Irrtumswahrscheinlichkeit

In der letzten Tabelle wird die Korrelation zwischen der Zufriedenheit mit den eigenen Studienbedingungen und die durchschnittlich reale Benotung im Studium untersucht. Die Hypothese 4, die eine signifikant negative Korrelation aufweist, kann als bestätigt angesehen werden (r = -0,238, p = .01)

Tabelle 4: Korrelation Zufriedenheit mit Inhalten des eigenen Studium - durchschnittlich reale Benotung im Studium

		durchschnittlich reale Benotung im Studium
Zufriedenheit mit den eigenen Studienbedingungen	Korrelationskoeffizient	.238(**)
	Sig. (2-seitig)	0,000
	N	639

Anmerkungen. ** $p <$ .01 hoch signifikant, p = Signifikanzniveau, Irrtumswahrscheinlichkeit

4 Diskussion

4.1 Hypothesendiskussion

Hypothese 1: *Es lässt sich in der von uns untersuchten Probandengruppe von N=667 Lehramtsstudenten - bei der Befragung an der Martin-Luther-Universität Halle-Wittenberg im Sommersemester 2019 - eine signifikant positive Korrelation zwischen der Bereitschaft zur Perspektivübernahme und der augenblicklichen Zufriedenheit mit ihren Freunden im Hinblick auf ihr Leben nachweisen.*

An dieser Stelle soll ein Beispiel zur Verdeutlichung des Zusammenhanges beider Merkmale angeführt werden: Freundin A möchte sich mit Freundin B verabreden. Doch Freundin B muss für eine wichtige Klausur lernen. Freundin A kann dies nachempfinden, da es für Freundin B nun wichtiger ist, zu lernen. Diese Absage bedeutet jedoch für Freundin A (bei einmaligen Vorkommen) keinen Einfluss auf ihre Freundschaft.

So geht es bei der Perspektivübernahme immer um das Einfühlen und Verstehen der emotionalen Befindlichkeit von Anderen. Engelen (vgl. Engelen 2014) bezeichnet dahingehend die Perspektivübernahme als soziales Phänomen.

Demnach kann meiner Meinung nach die Augenblickliche Zufriedenheit mit den Freunden auch davon abhängig sein, wie viel Verständnis jemand für die Situation des Anderen aufbringt.

Es ist jedoch zu beachten, dass die Perspektivübernahme oder auch die Empathie für den Einen bedeutet, sich in den Gefühlszustand eines anderen Menschen zu versetzen und für den Anderen bedeutet es, zusätzlich eine prosoziale Haltung einzunehmen - beispielsweise Fürsorge.

Des Weiteren ist auf die begriffliche Unschärfe von Freund aufmerksam zu machen. Darunter kann sowohl ein Kommilitone oder auch ein Kindheitsfreund zu verstehen sein.

Daher sehe ich die Hypothese 1 als bestätigt an.

Hypothese 2: *Es lässt sich in der von uns untersuchten Probandengruppe von N=667 Lehramtsstudenten - bei der Befragung an der Martin-Luther-Universität Halle-Wittenberg im Sommersemester 2019 - eine signifikant positive Korrelation zwischen der Prokrastination und der Prüfungsangst durch Besorgtheit im Hinblick auf ihr Leben nachweisen.*

Wie in Tabelle 3 sichtbar wird, ist eine signifikant positive Korrelation zwischen der Prokrastination und der Prüfungsangst durch Besorgtheit zu erkennen. An dieser Stelle möchte ich darauf hinweisen, dass der am häufigsten auftretende Wert (Modus) 4 (= stimmt ziemlich) war. Demnach prokrastinieren 29,4 Prozent der befragten Studierenden. Diese Ergebnisse ähneln sowohl den Ausführungen der Techniker Krankenkasse aus dem Jahr 2015 als auch einer Befragung US-amerikanischen Studierender. Die Studie der Techniker Krankenkasse ergab, dass 51 Prozent der Befragten sich durch die Möglichkeiten des Internets ablenken lassen. Bei der US-amerikansichen Studie bezeichnen sich 75 Prozent als Aufschieber und die Hälfte der Befragten gab sogar an, durch die Prokrastination Probleme im Studium zu haben.

Kritisch muss an dieser Stelle der Vergleich zu den Ergebnissen der Techniker Krankenkasse angesehen werden, da sich das Prokrastinieren nicht nur auf die Ablenkung durch das Internet bezieht.

Bei unserer Befragung an der Martin-Luther-Universität Halle-Wittenberg gaben rund 14 Prozent der Studierenden die Antwort „stimmt ziemlich" und „stimmt sehr" im Bezug auf Prüfungsangst. Prüfungsangst ist für die Betroffenen immer eine große Last. So kann bereits der Gedanke an die Prüfung und der damit verbundene Lernaufwand zu Vermeidungstaktiken bei den Betroffen führen. Es kann also davon ausgegangen werden, dass der Anstieg von Prüfungsangst auch mit prokrastinativen Handeln einhergeht.

Nach Metzig und Schuster kann es soweit kommen, dass auch Situationen vermieden werden, die der ursprünglichen Angstsituation nur schwach ähneln, also sich die Angstsymptomatik durch die Vermeidung noch verschlimmert (Vgl. Metzig, Schuster, 2018, S. 27)

Die Hypothese 2 gilt als bestätigt.

Hypothese 3: Es lässt sich in der von uns untersuchten Probandengruppe von N=667 Lehramtsstudenten - bei der Befragung an der Martin-Luther-Universität Halle-Wittenberg im Sommersemester 2019 - eine signifikant positive Korrelation zwischen der Prokrastination und dem Selbstwirksamkeitserleben im Studium im Hinblick auf ihr Leben nachweisen.

Die studiumsbezogene Selbstwirksamkeitserwartung bezieht sich auf den Umgang mit Schwierigkeiten und Barrieren im Studium. Demzufolge beeinflussen Kognitionen über die eigenen Fähigkeiten auch die Auswahl von Handlungen. Ist beispielsweise die Selbstwirksamkeitserwartung eines Studierenden im Bezug auf die erfolgreiche Absolvierung einer Klausur niedrig. so kann es sein, dass er der Beschäftigung mit den Klausurthematiken ausweicht, da er die Bewältigung als unmöglich ansieht. Dies kann sowohl an subjektiven Trägheitsmomenten liegen aber auch der Einstufung der Klausur als objektive Barriere. Diese subjektiven Überzeugungen können mehr oder weniger mit der Wirklichkeit übereinstimmen. Doch dies wäre nur ein Beispiel für 19 Prozent der Studierenden der Martin-Luther-Universiät, die in Bezug auf das Selbstwirksamkeitserleben im Studium die Angabe „stimmt wenig" oder „stimmt etwas" gaben.

Über die Hälfte gab jedoch die Antwort ein hohen Selbstwirksamkeitserleben im Studium zu haben. So haben die Befragten trotz hoher Prokrastination ein hohes studiumsbezogenes Selbstwirksamkeitserleben.

Die Hypothese 3 kann als bestätigt angesehen werden.

Hypothese 4: Es lässt sich in der von uns untersuchten Probandengruppe von N=667 Lehramtsstudenten - bei der Befragung an der Martin-Luther-Universität Halle-Wittenberg im Sommersemester 2019 - eine signifikant negative Korrelation zwischen der Zufriedenheit mit den Inhalten des eigenen Studiums und der durchschnittlich realen Benotung im Studium im Hinblick auf ihr Leben nachweisen.

In der Untersuchung korrelieren die Zufriedenheit mit den eigenen Studieninhalten und die durchschnittlich reale Benotung im Studium hoch. Es liegt hier jedoch eine negative Korrelation vor, sodass die beiden Merkmale in einem gegenläufigen Zusammenhang stehen. So kann beispielsweise eine hohe Zufriedenheit mit den eigenen Studieninhalten eine durchschnittlich schlechte Benotung bedeuten. Aber auch umgekehrt könnte dies auf eine durchschnittlich gute Benotung mit niedriger Zufriedenheit hinweisen.

Die Hypothese 4 kann als bestätigt angesehen werden.

4.2 Stichprobendiskussion

Bei der Methode der Fragebogenmessung ist zu beachten, dass diese eine Momentaufnahme ist und so den Moment wiederspiegelt, in dem sich der Studierende zum Zeitpunkt der Befragung befand. So kann beispielsweise der vorherige Tag bzw. ein Ereignis am Tag der Befragung, die Ergebnisse sowohl positiv als auch negativ beeinflussen. Die Stichprobe der Studierenden des Lehramtes der Martin-Luther-Universität Halle-Wittenberg kann des Weiteren nicht auf die gesamte Gruppe der Studierenden der MLU oder Lehramtsstudierende anderer Universitäten übertragen werden. Die Lehramtsstudierenden machen zwar einen großen Teil der Universitäten aus, sind jedoch nicht repräsentativ für alle Studierenden. Weiterhin wurde von den Studierenden eine Selbsteinschätzung verlangt. Die Aussagen können beispielsweise durch eine verzerrte Selbstwahrnehmung verfälscht sein. Eine große Rolle spielt auch das Befragungsumfeld: während der Zugfahrt, in einer Pause oder auch der Tageszeitpunkt beeinflussen die Antworten. Morgens sind viele Studenten noch müde, andere zeigen morgens die höchste Konzentration und sind Abend ermüdet.

Kritisch zu betrachten ist vor allem der persönliche Code am Ende jedes Fragebogens. Über diesen erhält man den ersten Buchstaben des Vornamens. Sammelte der Verantwortliche die Fragebögen einzeln ein, so wären problemlos Rückschlüsse über die Identität des Befragten möglich.

Weiterhin bietet uns der Fragebogen und die daliegenden Korrelationen keinen Rückschlüsse über eine Ursache-Wirkungs-Folge, sondern nur eine Konditionale Analyse.

5 Quellen

5.1 Bücher

Höcker, A., Engberding, M. & Rist, F. (2017). Prokrastionation. Ein Manual zur Behandlung des pathologischen Aufschiebens. (2. Aufl.) Göttingen: Hogrefe Verlag.

5.2 Internetquellen

Engelen, E.-M. (2014), Empathie : Affektive Perspektivübernahme als soziales Phänomen, in: Die Dimension des Sozialen : neue philosophische Zugänge zu Fühlen, Wollen und Handeln / Karl Mertens ... (Hrsg.). - Berlin [u.a.] : De Gruyter, 2014. S. 127-142. Zugriff am 24.07.2019 unter: https:// www.degruyter.com/view/books/ 9783110349955/9783110349955.127/9783110349955.127.xml

Metzig, W. & Schuster, M. (2018) (Hrsg.). *Prüfungsangst und Lampenfieber.* Bewertungssituationen vorbereiten und meistern. (5. Aufl.), Berlin: Springer Verlag. Zugriff am 30.07.2019 unter: https://link.springer.com/book/ 10.1007%2F978-3-662-54696-3

Schwarzrer, R. & Jerusalem, M. (1999, kort. 2001) (Hrsg.). *Skalen zur Erfassung von Lehrer- und Schülermerkmalen.* Dokumentation der psychometrischen Verfahren im Rahmen der Wissenschaftlichen Begleitung des ‚Modellversuchs Selbstwirksame Schulen'. Korrigierte Web Version, 2001, Berlin: Freie Universität und Humboldt Universität zu Berlin. , Zugriff am 20.07.2019 unter: http://psyc.de/skalendoku.pdf

Techniker Krankenkasse (2015). TK-CampusKompass. Umfrage zur Gesundheit von Studierenden. Hamburg: Techniker Krankenkasse. Zugriff am 23.07.2019 unter: https://www.tk.de/resource/blob/ 2026642/98c5db0cb414660246cc42b77ea3ada2/tk-campuskompass-data.pdf

Grützmacher, J.; Gusy, B.; Lesener, T.; Sudheimer, S.; Willige, J. (2018). Gesundheit Studierender in Deutschland 2017. Ein Kooperationsprojekt zwischen dem Deutschen Zentrum für Hochschul- und Wissenschaftsforschung, der Freien Universität Berlin und der Techniker Krankenkasse. Zugriff am 23.07.2019 unter:https://www.tk.de/resource/blob/2046078/8bd39eab37ee133a2ec47e55e544abe7/studie--gesundheit-studierender-2017-pdf-data.pdf

Daig, I., Spangenberg, L., Heinrich, G., Herschbach, P., Kienast, T. & Brähler, E. (2011). Alters- und geschlechtsspezifische Neunormierung der Fragen zur Lebenszufriedenheit für die Altersspanne von 14 bis 64 Jahre. *Zeitschrift Klinische Psychologie und Psychotherapie, 40 (3);* S. 172-178. Zugriff am 24.07.2017 unter: https://doi.org/10.1026/1616-3443/a000099

6 Anhang

Abbildung 1: Zusammensetzung der Studierenden der jeweiligen Lehrämter

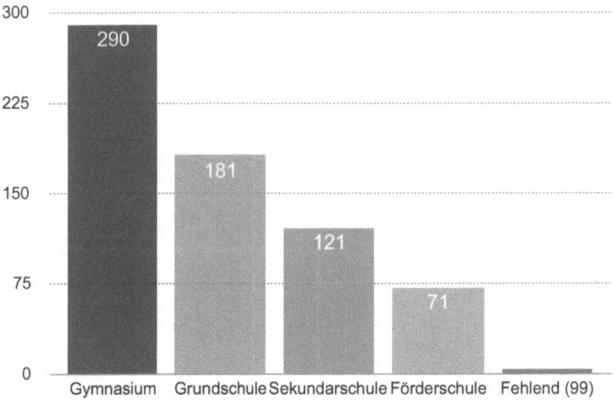